가만히 하늘의 소리 들어 봐

가만히 하늘의 소리 들어 봐

고은혜 시집

시인의 말

나의 시는 곧 나의 삶이고 체험이다.
목회를 해 오면서 시 쓰기는 나의 기도의 한 부분이었다.
시를 쓴다는 것은 큰 축복이고 행복이며 또 영혼의 휴식이다.

먼저 나의 나 됨을 알게 하시고 여기까지 인도해 주신 하나님께 감사와 영광을 드리며 부끄럽지만 먼저 첫 시집을 하나님께 봉헌하고 싶다.
그리고 항상 응원해 주는 사랑하는 가족들과 성도님들, 또 여러 소중한 분들에게 고마움을 전하고 싶다.

2024년 늦가을

고은혜 목사

차례

시인의 말

1 갈대 상자를 띄우며

13   은총
14   찔레꽃
16   갈대 상자를 띄우며
18   쉼
20   덫
22   모악산 길
24   선물
26   빗소리
27   뫼비우스의 띠
28   소나무
30   선풍기
32   국수
34   능소화
35   산다는 것
36   민들레
37   발칸의 장미
38   그리 쉽게 말하지 말아요
39   장맛비

2 그때 그 집에는

- 43 꽃무릇
- 44 터닝 포인트
- 45 부르심
- 46 봄까치꽃
- 47 동백
- 48 저녁 강
- 49 그 길
- 50 봄맞이
- 51 연꽃
- 52 갈대의 독백
- 54 돌아보니
- 56 그때 그 집에는
- 58 이라와디강 달빛
- 59 함께 아리랑
- 60 2020년의 봄
- 62 꿈꾸는 산당화
- 64 벽
- 65 바램

3 몰래 받은 선물

- 69 채송화
- 70 가을 서정
- 72 완산칠봉
- 73 꽃과 나비
- 74 백수 해안도로
- 75 제주 비자림
- 76 들꽃
- 77 다 바람이더라
- 78 마지막 항구
- 80 흰꽃나도사프란
- 82 몰래 받은 선물
- 83 가을밤
- 84 코스모스
- 85 느티나무
- 86 낙화
- 87 위로의 음성
- 88 부추꽃

4 아직도 가야 할 길

- 93   수묵으로 그려 놓고
- 94   죽음으로 사는
- 96   선운산에 오르며
- 97   2월은
- 98   거룩한 몸부림
- 100 예수병원
- 102 칠월 쑥국새
- 104 호수가 되다
- 106 알밤 이야기
- 107 비움
- 108 첫눈
- 109 고백
- 110 아직도 가야 할 길
- 111 부서진 상자와 빛
- 112 나 건들지 마, 시 쏟아질라
- 114 새해 소망—2022년 코로나 시기
- 116 애물단지

평설   서정성과 어우러진 겸허한 신앙인의 종교적 시학 … 119
— 복효근 (시인)

가만히 하늘의 소리 들어 봐

갈대 상자를 띄우며 *1*

은총

적막 끝
새벽이 열린다

새날을 허락하신 존전에
숙연히 머리 숙여

낮은 무릎으로
은총의 집을 짓는다

버리고 비움으로
세워지는 성

마음에 등을 켜면
슬픔을 깎아낸 별이
피리를 분다

새벽

은총의 동산에서
훨훨 훨
천상의 춤을 춘다

찔레꽃

찔레꽃은 고향의 소리

시골집 앞마당 긴 빨랫줄에서 엄마의 옥양목 치맛자락이
바람에 펄럭이던 소리 같은 것

잔등 너머 솔밭 언저리에 하얗게 널브러져 웃던
꽃 덤불 그늘에 앉아 그 잔망한 향기에 눈을 감던
마음 한구석에서 떠나지 못하는
첫사랑 같은 것

어찌 그 꽃을 그리워하며 살게 될 줄 알았을까만

한 움큼 꺾은 꽃대로 헛헛한 어린 뱃속을 달래주던
해가 저물도록 기다리던 엄마의 살냄새를 찔레꽃은
내게 주고 간 것은 아닌지

시절이 다시 올까
멈추고 싶기도 했던 수척한 시간들이 둘레둘레 뒤채며
가슴 기슭에 멎는다

가만히 짙어가는 봄이

올망졸망 한데 모여 하얗게 웃던 꽃이

갈대 상자를 띄우며

욕망이 조른다

잘 해내야만
이겨내야만
성공해야만
살아야만
한다는
욕망

인도하심을 알고
이끄심을 믿고
삭이던 꿈
다 내려놓고
비워내야
하는

갈대 상자를 띄우며
섭리에 순응하는
요게벳의 가슴에
순풍이 인다

기적이다
기적

쉼

다 접어두고
저물녘 마실길을 나섰다

쉬엄쉬엄 실개천 사잇길 돌다리를 건너다가
실바람이 간지럽히고 가는 못물 위
물주름 타고 놀던 물방개 게아재비가 말을 걸어오는
것을 보며

나는 벌써
징검다리 위에 쪼그리고 앉아 동심의 푸른 수채화를
그린다

소꿉친구들과 버들가지를 꺾어 물고기 떼 몰며 놀던
어렴풋이 묻어오는 시간의 향내
흘러온 세월만큼이나 희미한 그 기억들이 다시금
살아와

내게 쉼은 이런 모습으로 다가온다
세월의 행간을 읽으며 걸어온 길 한 땀 한 땀 세어 보는 일

여울이 물소리 다 비워두고 고요히 잦아드는
어스름녘
어깨에 내리는 노을 따라 걷는 길

비로소 나 숨을 쉰다

덫

이른 봄 한소끔 햇발에 기대어
군자란 살포시 웃음 풀던 날

어디서 왔을까
꽃의 가장자리를 맴돌며 혼미한 리듬을
타는 꿀벌 한 마리
잎새 사이 거미줄에 걸려 아슬아슬한 순간

동창회가 있는 날이면
부러움의 대상이었던 친구 봉숙이가
해거름녘 상기된 모습으로 나를 찾았다
남편이 찰스 브론슨이라느니
시집 잘 가 명품으로 늘 도배를 한다느니
질투를 불러내던 그녀
평생 해바라기 남편이 바람이 났다고
사니 못 사니 코가 석 자다

못 믿을 사내놈이라며 걸쭉한 설움을 게우는
그의 가슴앓이를 말없이 다독여 주었다

웅어리 한 봇짐 풀어놓고 돌아서는
그녀의 늘어진 어깨너머 휘어진 초승달이
차가운 파문을 짓는다

아프로디테*
그의 향은 독이었다

*아프로디테 : 그리스 신화에 나오는 미와 사랑의 여신

모악산 길

모악산에 오르다 보면
초록이 흐르는 산등성이 아래 아담한 고을
중인리가 있다

수백 년 마을을 지켜온 은행나무 밑
쉬어가라고 손 내미는 백발노인의 눈웃음
앞마당엔 누렁이 한 쌍 낮잠에 드는 마을

긴 능선을 따라 오르면
솔바람 풀 내음 코끝을 찌르고 편백 숲
긴 벤치에는 산객들의 웃음소리
음악으로 들려오고

내려오는 길
마을 앞 정자나무 아래
오랜 세월 터 닦고 살아온 아낙네들이
펼쳐놓은 시금치 쑥갓 오이 호박…

어릴 적 추억 떠올라
이것저것 골라 담으면
등 뒤 배낭 안에선 한숨 섞인 어머니의 옛이야기
자분자분 들려오는

선물

늘그막이

고소한 선물을 받아
보석함에 넣어 두었다

달에서 났을까
별에서 났을까

무엇이 이보다 영롱할까?
이보다 순전할까?

보고 보아도 또 보고 싶은
보석함을 매일 열어 본다

엔도르핀, 세로토닌, 도파민이
쏟아지는 요술 주머니

맑은 눈망울 속에 실음조차
풀어져 버리는

"하늘에 속한 자"

라엘이는 우리 보물이다

빗소리

달포 가뭄 끝에 단비가 내린다
빗소리는 그리움을 불러오는 못된 버릇이 있어

잊고 살았던 사람들이 보고 싶기도 하고
스쳐간 사람들이 마냥 궁금해지기도 하고

장대비가 억수로 내리는 날
빗소리가 너무 무서워
논에 물꼬 보러 가는 엄마를 따라나섰다가
새로 산 신발 한 짝을
도랑 물살에 떠내려보냈지
그것은 내 또 하나의 살갗이었는데

이상하다 그리워지는 것이
진종일 내리는 빗소리가 지루하지 않다는 것이

아득한 시절 겹겹이 둘러친
나이테 속을 죄다 끌어다가
걸쭉한 상을 차려 놓는

저 빗소리

뫼비우스의 띠

자전이 있어 공전이 있단다
서로 다름으로 공존하며 어우러지는
우주의 오케스트라

생각과 생각의 사이
한류와 난류의 사이
진해만과 옥포만의 사이
남해로 흐르는 물과 서해로 흐르는 물과 물의 사이

혹은 차이

삶과 죽음의 사이
다만 차이가 있을 뿐

누군가는 자작나무의 껍질을 보고 예술이라 하고
어떤 이는 상처의 옹이라고 한다

마른 조개껍데기 속에서 바다가 출렁인다

바람은 자박자박 아침과 저녁을 기웃거린다

경계가 없다

소나무

벼랑 끝 바위틈에
수려한 소나무 한 그루
들메끈 동여매고
오직 외길 걷는다

폭풍우 눈보라 연정
휘몰아쳐 흔들어도
단단한 침묵의 벽
에둘러 진치고
사계절 푸른 몸빛으로
고고한 제 길을 간다

살아서 맺은 언약
죽어선들 변할까
독야청청 새겨 논 맘
뿌리 깊이 내리고

오늘도 초록
내일도 초록초록
굳은 맘 곧게 세우고
하늘만 바라고 서 있다

선풍기

운명처럼
가슴으로 품어야 하는 사명이 있다

부동의 자세로
한 철 내내 팽이처럼 제자리를 맴돌아야 한다

내가 돌아 그대가 시원할 수 있다면
이 찜통더위를 건널 수 있다면
이 어지럼증 속울음으로 삼키고

돌아야 한다

도리도리 이 배역을 부정해 보지만
내가 나를 부정하고서는 그대를 향한
이 사랑도 부질없어

세상엔 바람을 피워야 하는 사명도 있어
웃음소리도 밀어내며
한숨 같은 바람만 뿜어내는 생

버림받을 날만 기다리는
천형도 있다

국수

자신을 단단하게 여민 국수 가락이 일렬로
각을 세우고 서 있다
뻣뻣한 추임새가 갈한 목마름에 조급하다

긴 여름 한나절

언덕배기 정자나무집 복길이 엄마 널벅지
웃음 통에 흠뻑 빠져 뜨거운 물에서 느긋이
삶아져 풀어지더니 강하고 단단한 것들이
쑥 빠져나갔다

억세고 강한 것들은
뜨거운 불에 들어가야 유연해지는 법

컬컬하던 목구멍
돌돌 말리는 부드러운 국수 가락에 시큼한 열무김치
한 사발 국물 그득히 올리면
허기진 한나절이 넉넉해진다

자지러지게 목청을 돋우는 매미들의 한때
순간에 다가올 가을을 기억하고 있을까
벼랑 끝에서 알게 되는 순종의 의미는
강한 것은 부드러움을 이기지 못한다는 것

배부른 한나절이 꾸벅꾸벅 졸음을 몰고 온다

비워서 채워지는 여유일 것이다

능소화

긴 목마름에
무슨 말 머금은 듯 동그란 입술
물드는 주홍빛

햇살 눈부신 계절이
오면
혹여 오시려나
담장 너머 먼 산
바라보다

소낙비 후두둑 스치고
지날 때
속절없이 떨어지는
아픔

붉은 기다림은
침묵의 기도가 되어

여미지 못한 앙가슴
잉걸불 같은 그 이름
하나

산다는 것

바람을 잡으려다
휘청거린다

잠시 멈추고 하늘을 봐

구름이 탄식하는 소리
바람이 속삭이는 소리
시냇물이 노래하는 소리
마음 문 열고
가만히 하늘의 소리 들어 봐

산다는 것
그냥
순리 따라 섭리 따라
바람결처럼 바람처럼

민들레

보도블록 틈새에서
다시 일어선

어둠의 무게를 이고 가는
암팡진 그녀

한 뼘 햇살 끌어 담아
푸른 귀 곧게 세우고

긴 겨울
어둠의 찬 파도를 밟고

하얗게 묻어오는 기억을 날려
노란 입술을 내밀어 본다

발칸의 장미

멀고도 아득한 길

핏빛 봉오리
가시 헤집고
햇살 향해 고개 들었다

찢기고 찔려
솟구치던 피
응어리 풀어 꽃 되었다

누가 너를
아름답다고만 말하리오

움켜쥔 슬픔을 녹여서
피어오른 너

밤이 깊어 갈수록
더 향기로운
발칸의 장미

만방에 피어나라
가시와 함께 핀 꽃이여

그리 쉽게 말하지 말아요

사랑
그 거룩한 이름에
가슴 태워 녹아 흘린 눈물 없이
쉽게 말하지 말아요

사랑
그 숭고한 이름에
꺾인 뼈마디 마디 옹이 살 입고
다시 맺은 열매 없이
함부로 말하지 말아요

사랑
그 존귀한 이름에
꺼져가는 생명의 넋을 깨우는
오랜 참음의 기다림 없이
성급히 말하지 말아요

장맛비

주룩주룩 주룩주룩

진종일

기도 속에 묻어둔 샘
봇물 터져 내린다

목울대 쓰린 마음이
저리도 아플까

성긴 가슴 뜯어내는
회심의 눈물

십자가 그늘에서나
쉼을 얻을까

가만히 하늘의 소리 들어 봐

그 때 그 집에는 2

꽃무릇

가을볕에
선운산이 불탄다

재울 수 없는 연모의 정
제 몸 풀어 살랐나

훨훨 타는 저 불꽃

반백이 다 된 용산리 총각 선운산에 오르다가
산허리를 휘감는 불꽃에 마음이 털려
주저앉았나

그 가시내가 질러 놓은 불
평생을 끄지 못하고 제 속에서 타더니
영춘네 토박이 집 막걸리잔은 기울고

짓무른 그 가슴을 둘러 보내지 못한 연서처럼
서쪽 하늘에 노을이 탄다

걸어온 길을 헤집던 목탁 소리 잦아들고
산 그림자는 산사에 눕는데
서늘한 저녁 바람만 사내를 감싸고 돈다

터닝 포인트

시간을 멈추어 세우고
햇살의 유혹을 따라 나온
한적한 공원의 한나절

바람에 뒹구는 낙엽 위에
못다 한 마음 새겨 놓고
가을이 먼 길 떠난 자리에
차가운 적막이 걸려 있다

소슬바람 홀로 서성이는
주인 잃은 긴 벤치 위에
겨울을 모으는 참새 한 마리
포르르 나뭇가지 위로 날아오른다

번뜩이는 눈빛 속에
흔들리는 시간의 조명들
고요속으로 느림을 끌어안으며
다시 터닝 포인트를 꺼내 든다

부르심

영혼의 음성으로
바람 소리 가까워져 온다

마침내
마음의 두 눈이 마주치고
밤에 부르는 노래 깊어지면

떨리는 심장을 움켜쥐며
물에 비친 바람 소리 더
가까워져 온다

그곳에서 신을 벗으라

봄까치꽃

이른 봄

양지바른 들녘
돌 모퉁이에
하늘빛 작은 얼굴

바람이
너의 숨결 몰고 와
터트려 놓은

봄까치꽃

아득한 꿈
일으켜 세우고
너를 부른다

동백

선운산 동백 아씨
양 볼에 물들이고

제비꽃 흐드러지게 핀
질마재 넘나들 때

춘삼월 하현달은
하얗게 시려 떠는데

쟁여진 세월 마디마디
바람의 멍 붉게 물들어

동백꽃 지친 가슴
뚝뚝 떨어지는 눈물

저녁 강

물새들도 날개 접은
노을 지는 강물 위로
하얀 윤슬 부서지고

잿빛 구름 사이
희미하게 지는 해가
아쉬움을 삼킨다

순응할 수 밖에 없어
끌어안은 아픔들

한해를 되새김질하는
나뭇가지 사이로
마른 바람에 흩어져 갈 때

저 깊은 곳 나지막이
저며 우는 첼로 소리
저녁 강물에 스민다

그 길

감자꽃 메밀꽃 친구 삼아서
십여 리 등하굣길
십이 년을 걸으며
솔바람 음률 따라 콧노래 부르던 길

부엉이 울음소리
어둠이 무거워지면
초롱불 밝혀 들고 마중 오시던
어머니 목소리 먼저
상봉하던 길

눈감으면 아련한
추억의 수틀 속에
한 땀 한 땀 수놓은 듯
철 따라 길섶에 들꽃
하나둘 피던 길

봄맞이

산골짝 잔설 묻은 바람에 업혀
봄이 올망졸망 내려온다

새싹들 수런수런 잠에서 깨어나고
실개천 살얼음 녹는 소리에
물고기 떼 자맥질하며 춤을 춘다

보고만 있어도 좋을 듯한 그 이름
여울지는 기억 속에 삭이는 그리움
마음의 갈피마다 고이 접어 두고
하얗게 피우는 봄의 신명

어느덧 내리막길
먼 길 돌아서 온 인연에 정을 얹으며
그대 오시는 따스한 길모퉁이에 서서
비발디의 푸른 음표를 그리며
약속처럼 기다리고 있다

연꽃

찬란하다

중전마마 납신다

진흙탕 속 뒹굴다

입신양명하여

왕의 금홀 받아 쥐고

두물머리에 오셨네

어허라 행차시오

붉은 꽃등 밝히었네

갈대의 독백

옥정호 붕어섬 강변 둔치
우렁우렁 휘청이며 우는 갈대

줏대 없다 비웃지 마라
이 흔들림이 춤이 될 때까지 흔들리겠다

마음만은 대쪽 같아서
모진 바람 가슴 후비면
텅 빈 뼈마디로 피리를 불리라

넘어지면 일어서고
일어섰다 누우면서 배운 몸짓으로
바람을 견디는 관절이 굵어져

구들장 같은 젖은 속을 비워내는
마른 울음소리 하얗게 나부낀다

한세월 바람과 더불어
달래다가 부대끼다가 흔들리다가
울먹이며 가는 길일지라도

쓰러질지라도 내내 뽑히지 않고
또다시 한 끈 부여잡고
겨울 너머로 푸른 잎을 내리라

돌아보니

살아온 길

돌아보니 모두가 은혜이더라
알몸으로 태어나 가진 것
모두가 은혜이더라

돌아보니 모두가 사랑이더라
살아온 세월에 남은 정
모두가 사랑이더라

돌아보니 모두가 감사이더라
마음의 문 열고 영혼의 눈 떠보니
모두가 감사이더라

돌아보니 모두가 그리움이더라
좋았던 사람도 미웠던 사람도
모두가 그리움이더라

가진 모든 지식 내려놓고
영의 눈뜨고 귀 열고 보니
모두가 아름다움이더라

그때 그 집에는

유년 시절
산마을 고향 집엔
해마다 봄이 되면
먼저 피는 백목련

토담집 툇마루에 앉아
밤하늘의 별을 세며
사랑이 움터 오를 때

장독대 사이로
달빛에 하얗게 벙글어진
꽃잎을 따서 수취인 없는
편지를 쓰던 밤

내 속내라도 알았을까
대숲의 사운대는 바람결
사내들의 휘파람 소리
봄, 밤의 정적을 깬다

— 거시기 이놈들 아니냐?

훌쩍 밖으로 향하시던
해마다 이맘때면 어머니
온기 잔잔히 스며오고

그때 그 집에는
깨어진 장독들 위로 휘파람새
높이 날고 백목련 홀로 서서
서러운 꿈 피운다.

이라와디강* 달빛

그대는
내 숨결 돋우는
향기 머금은 꽃망울

텅 빈 가슴에
실바람 타고 들어와
살포시 내려앉는
꽃잎 하나

심연의 일렁이는
파도를 타고
이라와디강 달빛
흐르는 윤슬 위에

한 마리 외로운 바닷새
꺼이꺼이 흰 날개 펴고
달무리를 짓는다

* 이라와디강: 미얀마 양곤에 있는 강

함께 아리랑

널브러지게 눕는다

헝클어진 숨 고르며 눈꺼풀은 늘어져 내리고
저녁 식탁에 입맛 돋우던 상큼한 포도알은 또
뱃속에서 열창을 한다

나 배 문질러 주면 안 될까
약한 위장은 자주 그를 부른다

—까치야, 까치야 헌 집 줄게 새집 다오

무거운 목소리가 그네를 탄다

흔들어 대는 나 흔들리지 않는 너

까치는 오지 않아도 긴 세월 함께 곰삭은 맛
무대는 서서히 막을 내리고
고된 하루는 스르르 녹는다

2020년의 봄

하늘 성찬이다

초록이 몰고 온 싱그러운 거리에
밤새 어둠을 반죽하여 만들어 낸
신성한 식탁이 차려졌다

이팝나무 꽃피고 오월은
나보다 먼저 와 젖은 눈길을 보낸다

봄이 왔지만 봄과 같지 않은 봄

마스크를 쓰는 일이 일상화되고
세상은 온통 바이러스로부터
건사하느라 부산하다
성난 벌떼처럼 윙윙거리며
두 귀를 붙잡는 소리 들은

코로나 감염 확진자 손 씻기 자가 격리 사회적 거리 유지
검사 죽음 완치 신천지 펜데믹 코호트

온 세계가 보이지 않는 상대와 맞섰다
바이러스를 불러오고 확산시킨 것도
퇴치와 박멸을 시도하며 안달하는 것도
모두 인간
궤도를 이탈하여 불완전한 바벨탑을 쌓으며
스스로 자멸하는 것은 아닐까
섭리에 순응하는 것들은
거룩한 질서를 따라 소리 없이 흐르는데
당신의 은총으로 성찬의 떡을 떼는 오늘

꿈꾸는 산당화

막 발아한 봄바람을 타고 온
산당화가 분홍빛 입술을 내민다

반생애를 허둥대며 오다가
마음의 문을 닫아 버린

축축한 터널을 빠져나와
햇빛 찬 마을에 이르러
작은 희망을 열어 간다

꿈을 꾸고 그 꿈을 가꾸며
기도의 숨결로 피우는 꽃잎에
봄이 수북하다

이른 아침
굳게 닫힌 창틈 사이로 햇살이
손을 내민다

술렁이는 봄
연분홍 꽃잎에서 동글동글
꿈 한 채 벙글어진다

벽

즈믄해 결연히 건너는

황혼의 강가에 서서

당신을 본다

호수에 기댄 달은

저리도 밝은데

바램

계절이 지날 때마다
너를 만나고 싶다

봄이면
섬진강 물빛 따라서

여름이면
격포 바닷가를 거닐며

가을이면
강천산 아기단풍 숲에 앉아

겨울이면
선운산 도솔암에 오르며

너를 만나고 싶다

그마저 아니 된다면

타다가 또 타다가

재 꽃으로 부서져

너의 창가에 머물고 싶다

가만히 하늘의 소리 들어 봐

몰래 받은 선물 3

채송화

뙤약볕 담장 아래

발돋움하고 서서

진종일

누굴 기다리나

청아한 너의 얼굴빛

여름보다 뜨거워

가을 서정

돌아갈 길 망설이는
까슬한 잎새들이 파르르 고개를 떨구며
가을을 우리고 있다

황혼은
성근 나뭇가지 사이에 부풀어
매달려

참새 떼 조잘조잘
겨우살이 준비에 바쁘다

어디서 와서
어디로 가는 것일까

들판엔 피어오르는 한 줄기 연기
하늘 깊이 빨려 들어가는데

소슬바람 안고
노을 속으로 사라져 버리는
세상의 뒷모습

뒷모습들

먼 길 떠나는 가을
오후

완산칠봉

8월 한낮

장맛비 그치고

계곡 산마루엔
뭉게구름 한가로이
턱을 괴고

옥녀봉 숲 카페에는
산새들의 라이브 콘서트

키르륵 키르르륵
삐이육 삐이육
피비쿠 피비쿠
씨아악 씨아악

즐거운 하모니
심포니 오케스트라

솔바람도 솨아 솨아
흥을 돋운다

꽃과 나비

산책길에서
멋진 나비를 보았다
네 생각이 났다
나비를 보면
왜
네 생각이 날까
아 하
이제 알겠다
내가 한 송이
꽃이었다는 걸

백수 해안도로

잎새 털린 앙상한 나뭇가지 사이로
찬바람 윙윙 불던 날

사십 성상 묵은 얘기 보따리
푸른 물결에 술술 풀어져
춤을 추던 곳

간이 하우스 지붕 위로
추억을 구워낸 호떡 연기
하얗게 피어오르고

저 멀리 수평선 넘어
석양 노을 흩어지며
손 흔들던 곳

지금도 그곳에는
그리움이 소리 없이
울어 댄다

제주 비자림

천년의 자태

태고의 서린 맥이 뿜어 나는 바람

화산송이 붉은 융단 위로 오르면
하늘까지 넘실거리는 초록 물결

아낌없이 나누는 나무들의 향연
가슴까지 포근한 어머니의 바다

나이테에 수놓은 조상들의 숨결
쟁여진 세월에 성스러운 노송들
묵은 슬픔은 넓은 가슴에 눕는다

비늘처럼 뒤덮인 회갈색 거목들
돌 풀 나무들의 울창한 하모니
새들이 머물러 쉬다가 가는 둥지

내 안의 고향
천년의 숲 제주 비자림

들꽃

삼천천 길섶에
노란 들꽃 한 송이
순전한 얼굴빛이
발걸음을 잡는다

엄동설한 견뎌내고
꽃샘바람 직조하여
꽃물 들여 차려입고
천변에 나들이 왔나

무엇이 부러우리
창조주가 주셨는데
솔로몬의 입은 옷이
이 꽃보다 더 고우랴

꽃샘추위 시샘에도
충만한 자존감에
고개 높이 들었다

다 바람이더라

얼마나 긴 세월이 필요했던가

깊은 잠에서 깨어나 보니
모두가 한순간이더라

유라굴로 선상에서 내려와
주인 삼았던 것 내려놓으니

내 영혼이 내게 주는 한마디

모두가 다 바람이더라

마지막 항구

배 떠나간다
망망대해 파도를 헤치며
두리둥실 흘러서 간다

때로는 기쁨의 돛을 달고
때로는 슬픔의 닻을 내리며
저 천성 본향을 향하여
굽이굽이 떠밀려 간다

동심에 잎새 피고
청춘에 꽃잎 벌고
이제는 빛바랜 꽃대 싣고
이순의 항구 거슬러 간다

무거운 짐일랑 내려놓고
가다가 지치면 쉬며 가고
순풍이 와도 강풍이 와도
바람이 가는 대로 흘러가자

이래저래 가노라면
마지막 항구에 다다라서
날 맞아줄 임의 품에서
평안히 안겨 쉬리다

흰꽃나도사프란

변방으로 떠돌다가
초가을 무렵
섬진강 어느 고적한 마을에
가만히 둥지를 틀었습니다

유난히 비가 많이 내리고
먹구름 짙던 날
우린 이유도 모른 채 멀어져
가슴에 묻어온 날들이 길었지요

혹여나 잊히지 않을까
그대 창가가 보이는 등나무 아래
다소곳이 짐 풀어 놓고

밤이면 그대 마음 빼앗아 간
소쩍새 소리 원망스러워
더 고운 순백의 옷으로 단장하고
그대 오시는 발자국 소리만 기다렸어요

한 열흘 머물다가 떠나가야 하는
애달픈 맘 알아차리기라도 한 듯
어느 맑은 아침
와락 퍼붓는 슬픈 키스

몰래 받은 선물

추석 전날
종 종 종 계단을 뛰어오르는 발걸음
현관문 벨 소리 들린다

짐을 내리는 아들 내외보다 먼저 달려와
몰래 쥐며 주는 작은 선물 꾸러미

곰곰이 생각하며 만들었다는 오색 빛 송편
고사리손으로 써 내려간 노란 꽃 편지

"할머니 할아버지 항상 오래오래
건강하시고 행복하세요"

무엇이 이보다 더 좋을 수 있을까

순간
마음 한소끔 씻어내는 시원한 바람이
맑은 노래를 짓는다

가을밤

가을밤

달을 품은 호숫가에서
너를 본다

부르면
푸른 달빛으로 가만히 대답하는

코스모스

옥빛 가을 하늘
한적한 길섶에

함초롬 손 흔드는
어여쁜 여인

첩첩이 짙어진 그리움
파란 바람에 실어 오면

네 마음 고이 따다가
이 가슴 언저리에
살며시 피우고 싶다

느티나무

푸르른 날
길을 걷다가 큰 느티나무를 만났다

긴 세월
서로 마주 바라보고 함께하며 웅장한 가지를 뻗고
푸른 잎을 내며 아름드리 요새를 이뤄
커다란 버팀목이 되어 오다가

"어디 변하지 않는 것이 있으랴마는"

언제부턴가
그는 내게 쓸쓸한 가을을 알려 왔다
핏빛 잃어가는 가지마다 내 기도의 주조음 되고
누렇게 퇴색되어 버린 잎새들마저 허허롭게 한다

비틀대며 살아온 무게가 납덩이가 되었을까
점점 기울어 가는 뒷모습이
밑동에서 마른 도랑을 낸다

낙화

한 시절 물들이던 격정
탄성으로 곱게 피어나던
불멸의 청춘 접어 두고

지금은 가야 할 때

오색의 정열을 스스로
다독이며 속절없이
나풀나풀 꽃잎이 진다

때를 아는 이의 영혼은
성스러운 것

차가운 달빛 아래 나직한
목소리로 결별을 노래하는
슬픈 선율의 거친 춤사위

마지막 사랑의 몸짓으로
허허로운 하늘 배회하다가
나 천연히 흙 위에 누우리라

위로의 음성

억만년 쓸리던 바윗돌
허물어지듯

긴 어둠을 뚫고 오는
광활한 음성

내가 너를 사랑한다
내가 너를 안다

　—네 기도를 들었고
　　네 눈물을 보았노라

타들어 가던 긴 목마름
참았던 슬픔 토설하니

영혼에 햇살 쏟아진다

부추꽃

처서 지나고

쌉쌀한 바람 불어올 즈음

고향 집 뒤란 장독대 옆에는

해묵은 부추꽃이 하얗게 핀다

모시 적삼 다소곳이 여미며

벌써 가을이 온다고

부추꽃 누렇게 쇠어 간다고

콧소리 흥얼흥얼 대금을 불던

엄니, 석양 노을 낮달 사이로

홀로 휘돌아서 가신다

맘 한구석 잊을만하면

그리움을 비벼대던 바람

하얀 부추꽃 속에 뒹굴며

옛날을 젖게 하네

가만히 하늘의 소리 들어 봐

아 직 도 가 야 할 길   4

수묵으로 그려 놓고

너무 무거운 입 말 다 하지 못하고
너무 깊은 마음 표현 다 하지 못해도

수묵으로 그려 놓고
마음 깊이 묻어둔 채
이대로 홀로 서서 망부석이 된다 해도

언젠가
전능자의 손길이 닿는 그날엔

아무도 모르게 촉촉이 피어나
함께 흔들리며
곱게 물들어 가자

죽음으로 사는

산 53번지 황토밭이 푸르다
햇살 흠뻑 마시며
그렁그렁 파란 하늘을 노래했지

푸름도 한철
서릿바람 오소소 불어올 때
농부의 맵찬 손에 맥없이 쓰러지고 말았지

아린 소금물에 잠겨 파닥거리다 혼절을 반복하며
마지막 남은 숨결마저 버리고
고춧가루 불세례를 받았지

오대양을 누비다가 이유도 모른 채 낯선 땅에 유배되어
창자까지 삭아 문드러진
황석어 조기 전갱이 새우 멸치젓갈

어떤 형벌의 몫일까
이리저리 치대어 뭉개지며 저항할 수 없는
아니, 저항하지 않는

죽어야만
죽음으로 얻은 그 이름 김치

식탁 위에 꽃등불 환하게 밝도록
이제 붙안고 묵묵히 익어가는 일만 남았다

선운산에 오르며

동백꽃 숲길 따라
선운산에 오르면
젖은 골짜기마다
그리움이 고여있다

잎새 털린 나뭇가지
석양 노을 머금고
산 그림자 따라온
홍여새 한 쌍
옛날을 쪼며 반긴다

첫눈 내리던 날
도솔암에 넣어둔 꿈
서리서리 접어 두고

달려오는 세월 앞에
안부를 물어보지만
소슬바람은 기억을 버무리다가
갈잎 사이로 사라져 버리고

2월은

고난의 절정
긴 어둠이 걷히는 달

차가운 십자가를 순전히
껴안으며 불멸의 빛을
발견하는 달

긴 겨울
질곡의 터널 끝에서
영광을 바라봄으로
더 짧아진 달

옛사람이 죽고
나의 십자가에서
새사람으로
태어나는 달

온 대지 가득한
생명의 바람으로
부활하신 예수를
떠올리는 달

거룩한 몸부림

거룩한 집을 짓는다

하늘의 시방서 따라 굳은 옹벽
부서져 내리고 혼을 곧추어 세워가는

일기예보가 심상치 않다

밤마다 세력을 키우던 박테리아가
아직도 퍼내지 못한 우물 안에서
스멀스멀 벽을 타고 오르내리다가
두꺼운 구름 위로 세찬 날개를 편다

삶에서 끌어 올린 돌기둥도
거센 바람엔 상한 갈대처럼 꺾이고 만다

버리고 취해야 할 어지러운 공구들

습한 마음엔
슬픔의 수증기들이 따뜻한 빛을 원하고
얼어붙은 시간은 가난한 마음에 이르러서야

잃어버린 조각들을 찾아
소리 없는 소리를 조율해 간다

홀로 타는 불꽃의 향기 영원에 이르도록

예수병원

예수병원에 갔다
코로나19에도 주차장은 많은 자동차로 붐비고
찬송가의 은은한 선율이 안식을 주는 이른 아침
병원 안은 환자들로 북적이는 가운데
질서 정연하게 잘 돌아간다

벽면 곳곳에는 오래전 희년의 복음을 들고
태평양을 건넜던 선교사들의 얼굴에서
굿 모닝!

우상과 질병, 가난의 불모지였던 이 땅에 심어놓은
소망의 씨앗들이 무지개처럼 피어나고
복음의 역사를 이루어 온 얼이
치유와 회복을 통하여 구석구석에 스며들어
지금도 고통받는 환자들의 몸과 영혼을 만지며
새로운 희망을 열어 간다

― 밀알 한 알이 땅에 떨어져 썩어져야 많은 열매를 맺듯이

창밖에는
혹독한 겨울을 딛고 온 백목련이 봄의 자락을 편다
부활하는 새싹들 쫄깃한 햇살을 붙잡고 일어서는 아침

봄빛이 찬란하다

칠월 쑥국새

비는 내리고
쑥국새 운다

구욱구욱 쑥국
구욱구욱 쑥국

쑥국새 울음소리
산길을 메우던 밤

멀고 먼 학교 길에
마중 나오시며
애성 받친 목소리로
내 이름을 부르시던

지난 칠월
쑥국새 울음 따라
먼 길로 가신

해마다 이맘때면

마음속 고향 마을
산모퉁이에
칠월 내내 목메며
가슴 뜯는 소리

구욱구욱 쑥국
구욱구욱 쑥국

오늘도 비는 내리고
쑥국새 운다

호수가 되다

헝클어진 문제의 매듭을 찾다가
보이지 않아 자리를 박차고 호숫가로 갔다

호수는 늘 푸르고 고요하다

누가 이런 깊은 웅덩이를 팠을까
누구의 눈물이 샘이 되었을까

호수는 언제나 말이 없다

굽은 길 비틀비틀 돌아서 오며
쉼 없이 첨벙거리다 다시 일어서며

더 깊어졌으리라
더 푸르게 물들었으리라

호수는 늘 잔잔하다
다 받아들였기 때문이다

호수는 늘 말이 없다
다 감싸고 품었기 때문이다

오늘
묵언의 호수에서 길을 얻는다

알밤 이야기

가을을 통째로 물고
토실토실 알밤이 여물어 간다

가시 옷깃 사방으로 둘러 세우고
천둥 번개 비바람 앙칼지게 견디더니
가을 햇살에 못 이겨 입 떡 벌어졌다

비비고 굴리고 만지작거리다 보니
문득 가을 타는 마른 가슴안으로
어린 녀석들이 들어와 시리게 눕는다

밤톨 닮은 뒤통수 쓰다듬어 주던
지난가을이 추억의 잔영들을 몰고 와
또다시 뒤안길로 접어드는 계절

이 해가 가고 또 쫄깃한 그때가 오면
온 산에 밤꽃 흐드러져 피고 지고
알밤이 톡톡 여물어 가듯
야무진 가을처럼 내게로 오겠지

비움

하늘을 봐

휘청휘청 허공을
잡으려다가
무너져 내리는
커다란 진흙 한 덩이

토기장이의 손에 꼭
붙잡혀서 하는 말

― 행복의 파랑새가
　우리 집 처마 밑에서
　노래 부른다

종제기*가 백자 되던 날

마젠타 빛 가을이 마냥
향기롭다고 한다.

　*종지의 토속어

첫눈

첫눈 오는 날

기억 속의 그대가
올 것만 같아

까마득히
잊고 살았는데

첫눈이 오니
그대도 함께 올 것만 같아

아무도 밟지 않은
새하얀 눈 위에

사랑의 발자국
사뿐히 남기고 가는

고백

말하지 않으면
후회할 것 같아서

차마 어려운 그 고백을
너무 쉽게 해버렸다

묻어둔 세월이
너무 길어서

아직도 가야 할 길

멀기만 하던 시간이 어느새 훌쩍 지나가고
영원처럼 무딘 날들이 쇠약해져 버린 지금
어느새 이순이라고 한다

마른 나뭇가지처럼 버석거리는 육신
전에는 팔이 부러지더니 지금은 다리가 부러졌다

이미 녹슬어 버린 마음 쉽게 열 수 없어
너무나 멀리 날아와 버렸지만
늘 보름달처럼 차오르는 아쉬움은 그림자 여행을
하고 있을 뿐

하루도 빠짐없이 병실을 드나드는 한 사람

이제야 긴 침묵을 다독이며 차분하게 진심을 꺼내본다

"손 좀 주어 봐"

이미 가버린 시간을 끌어안으며
어렵게 손을 내밀어 보지만 쉽게 열리지 않는

아직도 가야 할 길

부서진 상자와 빛

낡은 리어카에 부서진 종이상자를 싣고
온몸을 당기며 비탈길을 오르는
주름진 노파의 젖은 세월이 무겁다

하루를 살아 내고
또 한 생을 이어가기 위한 몸부림
굴절된 삶의 무늬가 버석거린다

무게의 천형을 받아 자신의 생을 담아내며
묶였다 풀렸다 접혔다 폈다 얽히고설켜서
거세게 부서졌으리라

어디로 가야 할까

그가 가진 생의 무게를 건너야 하리
꿈을 향해 달리는 아픈 행렬
빛을 담은 가열찬 투쟁

나 건들지 마, 시 쏟아질라
― 故 중산 이운룡 선생님을 추모하며

임이 가십니다
작별의 손 흔들며 푸른 하늘로
가십니다

한 세기 '시'로 물들이다가
하얀 국화 송이 안에 머물러
먼 길 휘돌아서 가십니다

― "나 건들지 마, 시 쏟아질라"

함박웃음에 시 보따리 터지고
쏟아지는 먹이 찾아 사방의
새 떼들이 "열린 시"로 모였다

― 가을에는 슬픔도 향기롭다던
　배고픈 저녁연기와 밥이 다 된
　당신의 사랑 한 그릇도 향기롭다던

임이 가십니다
작별의 아쉬움을 남겨 놓고
푸른 하늘로 훨훨 가십니다

영원한 곳에서 편히 안식하소서
당신이 아끼시던 열린 시 "향 품"
고이 퍼서 나르겠습니다

— 중산 이운룡 시집 시 '가을의 향기' 중에서 인용

새해 소망
― 2022년 코로나 시기

또다시 희망의 촛불을 켜고
순결한 두 손을 모아 봅니다

새해에는
꺾이지 않는 역병의 터널 속에서도 온 백성이
불퇴진의 결의로 힘을 모으게 하소서
지금 우리가
어떤 때를 지나고 있는가를 알고 때에 맞는
지혜의 아름다움으로 살아내게 하소서

깊이 잠들게 하는 영으로 눈을 감기게
하셨음인가?
계시가 봉한 책의 말처럼 되었음인가?
영적 무지와 패역하므로 분별할 능력이 희미해지고
온 세상이 혼돈과 공포로 치달을 때
은혜로 이 땅을 치료해 주소서

고단하고 힘든 날들에 살포시 등을 토닥여 주는
다정함이 흐르게 하시고 용서받은 만큼 용서함으로
넓은 지평으로 나아가게 하소서

기도로서 채워지지 않는 허약한 부분들을
긍휼한 마음으로 위로하게 하시며
세상과 이웃과 자신과 화해하며 당신의 가신길을
묵묵히 걷게 하소서

새해에는
다시 밝히는 촛불 속에서 당신이 흘리신
눈물을 보게 하시고
더 낮은 자리에 서서
회복의 은총을 기다리게 하소서

애물단지

어느 날

비옥한 정원에 숨어들어온
맹꽁이 한 마리

가까이 오지도 멀리 가지도 않는
붙잡아 올 수도 놓을 수도 없는

아뿔사,
백마 탄 도령의 몸빛으로

호젓이 그리움이 불어오는 날엔
잡을 수 없는 파도처럼 목메게
가슴 한편에서 피날레를 치는

얄미운 애물단지

평설

| 평설 |

서정성과 어우러진 겸허한 신앙인의 종교적 시학
— 고은혜 시인의 시세계

복효근 시인

고은혜 시인의 시에 굳이 이름을 붙이자면 '종교시'라고 하겠다. 종교적 사유가 중심이 되거나 그 배경이 되고 있다는 점에서 그렇다. 종교시는 종교적 주제나 신앙을 표현하는 시를 말한다. 이러한 시는 신앙심을 깊게 하고, 신에 대한 찬양, 기도, 감사 등을 담고 있다. 종교시는 예배나 종교적 의식에서 사용되기도 하며, 개인적인 묵상과 영적 성장을 돕는 역할을 한다. 종교적 교리나 깨달음을 문학의 형태로 독자에게 전달함으로써 문학적 호소력이나 감염력의 효과에 의지하는 한 방법일 수 있다. 이는 자신에게는 자신의 신앙을 공고히 하고 독자에게는 종교에 대한 정서적 감응을 기대할 수 있다.

 시의 형식과 힘을 빌려 이어져 온 종교시의 역사는 다양하고 그 역사가 유구하다.

 그리스도교의 성경 시편(Psalms)은 구약 성경의 한 부분으로, 총 150편의 시로 구성되어 있다. 시편은 주로 다윗왕과 여러 시인들이 쓴 찬양, 기도, 감사 등의 내용을 담고 있다. 시편은 다양한 주제를 가지고 있으며, 신에 대한 찬양과 경배, 인간의 고통과 구원, 죄와 회개, 하나님의 정의와 사랑 등을 표현하고 있다. 이 시들은 예배와 개인적인 묵상에서 중요한 역할을 하며, 사람들이 위로와 영감을 얻는 데 사용된다.

 불교는 부처님의 가르침을 찬양하는 게송(偈頌)들이 포함되어 있는데 시의 형태와 성격을 띠고 있다. 법구경이 그 대표적인 예다. 《법구경(法句經)》의 팔리어 이름은 《담마파다(dhammapada)》인데, dhamma는 '법'·'진리', pada는 '구(句)'·'말씀'이라는 뜻이다. 초기 불교의 교단에서 전해지던 게송들을 모아서 주제별로 분류하여 엮은 경이다. 한산시(寒山詩)도 여기에 해당한다, 한산시는 중국 당나라 때의 여구윤(閭丘胤)이 국청사의 중 도교(道翹)를 시켜 시승(詩僧) 한산의 작품 300여 수와 습득(拾得)의 시 약간을 모아 만든 책이다. 현재 310수가 전해지고 있는데, 대체로 5언시이며 내용이 다양하다. 이슬람교도 예외가 아니다. 이슬람교의 꾸란(Quran)에는 신에 대한 찬양과 기도가 시적인 형태로 표현되어 있다.

이러한 유구한 종교시의 흐름 속에서 고은혜 시인의 시는 기독교적 신앙을 바탕으로 한 종교시라 규정할 수 있다. 종교적 신앙이 강하게 드러난 작품이 자칫 소홀히 할 수 있는 부분이 문학성이다. 따라서 종교시라 규정하고 문학작품을 대하는 데 있어서 중요한 것은 종교적 내용보다 문학적 형상화 여부가 아닌가 한다. 또한 이러한 목적성을 가진 문학작품일수록 개개인의 체험에 바탕을 둔 절실한 진정성이 그 문학의 완성도를 결정하게 된다. 자칫 정치적 프로파간다나 종교의 이념성이 앞서 그 문학성이 상대적으로 저하되는 우려가 있기 때문이다. 이러한 맥락에서 고은혜 시인의 작품은 종교시의 범주 안에서 설명할 수 있을 것이다.

한편 시인은 작품의 시적 완성도 위하여 서정성을 잃지 않으려는 노력을 하고 있음에 주목한다. 종교적 색채가 강한 작품이 시집의 한 축을 이루고 있지만 시집 전체에 걸쳐 그리움이라는 내면적 정서가 다른 한 축을 이루고 있어 전체적으로 서정적 분위기를 유지하고 있다. 다시 말하면 고은혜 시인의 시는 분명 종교시로 구분하여 설명할 수 있지만 다른 한 축을 순수서정으로 읽어낼 수 있다는 점이 큰 특징이라 하겠다.

　고난의 절정
　긴 어둠이 걷히는 달

　차가운 십자가를 순전히
　껴안으며 불멸의 빛을
　발견하는 달

　긴 겨울
　질곡의 터널 끝에서
　영광을 바라봄으로
　더 짧아진 달

　옛사람이 죽고
　나의 십자가에서
　새사람으로
　태어나는 달

온 대지 가득한
　　생명의 바람으로
　　부활하신 예수를
　　떠올리는 달

　　　　　　　　　　　　　　— 「2월은」

　의심할 여지 없이 종교적 신념을 노래한 작품이다. 긴 겨울이 끝나가는 시점 2월이다. 지난 겨울을 '어둠'으로 요약하고 있으며 그것을 극복해온 과정을 '질곡의 터널로' 표현하고 있다. 그 극복은 인간의 의지와 신앙적 행위로 가능한데 그것을 '차가운 십자가를 순전히/ 껴안는' 행위로 묘사한다. 그러니까 이 시는 "차가운 십자가를 순전히/ 껴안"는 이 행위에 방점이 놓인다. 이는 종교인으로서 매우 적극적이며 순도 높은 신앙 행위이다. 어둠은 그냥 걷히는 것이 아니다. 영광이, 불멸이, 부활이 그냥 주어지는 것이 아님을 시사한다. 십자가를 껴안는 순도 높은 그리고 적극적인 신앙 행위가 있음으로 해서 가능하다. 그렇게 해서 "옛사람은 죽는다". 그리고 새 사람으로 태어나며 불멸의 빛을 발견할 수 있다. 예수가 그러했듯이 한 신앙인에게도 거듭남의 부활이 이루어지는 것이다. 이윽고 온 대지 가득한 생명을 '부활하신 예수'로 맞아들일 수 있다. 전형적인 종교시라 하겠다.

적막 끝에
새벽이 열린다

새날을 허락하신 존 전에
숙연히 머리 숙여

낮은 무릎으로
은총의 집을 짓는다

버리고 비움으로
세워지는 성,

마음에 등을 켜면
슬픔을 깎아낸 별이
피리를 분다

새벽

은총의 동산에서
훨훨 훨
천상의 춤을 춘다

― 「은총」

신의 운총을 찬양하는 내용을 담은 시다. 신의 은총 역시 그냥 주어지는 것이 아니다. 여기 나타난 시적 자아는 '적막'을 견디어 내며 '낮은 무릎'의 자세로 꿇어앉아 숙연히 머리 숙인다. 기도의 자세다. "버리고 비운다." 세속적인 욕망과 탐욕의 마음을 비우고 죄지은 바를 뉘우치고 회개하며 오만한 자아를 버린다. 그렇게 하여 스스로 마음에 등불을 밝힌다. 마음이 어둠을 스스로 물리치려 노력하는 것이다. 그런 결과로 마음은 튼튼한 성곽이 되고 거기에 감응하여 별이 반짝이며 이제 마음 안으로부터 별이 피리를 부는 환희심이 솟는 것이다. 간절한 신앙적 행위와 갈구의 응답으로 피리소리 들려오고 그 은총의 동산에서 시적 자아는 자유의 춤을 추게 되는 것이다. 이제 비우고 버린 승화의 단계를 지나왔으므로 천상의 정신세계에 도달하여 신의 은총을 온몸으로 경험하는 것이다. 역시 '낮은 자세로' '버리고 비움으로써', '천상에 도달'하게 되는 은총을 노래했다는 점에서 종교시의 범주 안에서 설명할 수 있을 것이다.

주룩주룩 주룩주룩

진종일

기도 속에 묻어둔 샘
봇물 터져 내린다

목울대 쓰린 마음이
저리도 아플까?

성긴 가슴 뜯어내는
회심의 눈물

십자가 그늘에서나
쉼을 얻을까

— 「장맛비」

    장맛비를 눈물에 비유하는 구도다. 끊임없이 줄기차게 내리는 비는 "가슴을 뜯어내는" 아픔을 동반하며 내린다. 목울대가 쓰라리도록 울어대는 통한의 울음이다. 봇물이 터져내리듯 멈출 수 없다. 이 또한 비워내는 과정이며 신께 다가가려는 통렬한 회개의 행위 아닌가 한다. 가식의 눈물이 아니다. 참된 신앙인의 자세로 회개와 비움의 자세로 신께 가까워지려는 노력을 노래한 작품이다. 시인은, 그 눈물은 "십자가 그늘"에서나 위로받을 수 있다고 하였다. 개인의 아만심과 어리석음에서 비롯된 죄를 통한의 울음을 통해 눈물을 쏟아내며 뉘우친다면 죄지은 자를 대신하여 못 박힌 사랑(십자가)의 이름으로 용서받을 수 있을 것이다.

>보도블록 틈새에서
>다시 일어선
>
>어둠의 무게를 이고 가는
>암팡진 그녀
>
>한 뼘 햇살 끌어 담아
>푸른 귀 곧게 세우고
>
>긴 겨울
>어둠의 찬 파도를 밟고
>
>하얗게 묻어오는 기억을 날려
>노란 입술을 내밀어 본다
>― 「민들레」

민들레는 '그녀'로 의인화된다. "보도블록 틈새에서/ 다시 일어선" 그녀로, 그녀가 살아온 삶의 무게를 느껴지게 한다. 그녀의 삶을 그대로 묘사하는 대신 민들레라는 비유적 상관물을 내세워 그녀가 살아온 고난의 삶과 그것을 이겨낸 의지를 형상화하고 있다. 그 질진 생명력은 "한 뼘 햇살 끌어 담아/ 푸른 귀 곧게 세우고// 긴 겨울/ 어둠의 찬 파도를 밟고"라는 표현 속에 잘 나타나 있다. "어둠의 무게를 이고 가는/ 암팡진" 모습으로 그려지기도 한다. 온갖 고난과 시련을 이겨내고 봄이면 노랗게 꽃 피우는 민들레의 모습에서 '그녀'의 강인한 생의 의지를 떠올릴 수 있다. 이러한 비유적 시적 진술은 종교적 메시지가 명시적으로 강한 시보다 더 서정적으로 느껴지는데 종교를 넘어서 인간의 보편적 정서에 호소하고 있기 때문이 아닌가 한다.

　　멀고도 아득한 길

　　핏빛 봉오리
　　가시 헤집고
　　햇살 향해 고개 들었다

　　찢기고 찔려

솟구치던 피
응어리 풀어 꽃 되었다

누가 너를
아름답다고만 말하리오

움켜쥔 슬픔을 녹여서
피어오른 너

밤이 깊어 갈수록
더 향기로운
발칸의 장미

만방에 피어나라
가시와 함께 핀 꽃이여
— 「발칸의 장미」

"발칸의 장미"는 발칸 반도에서 자라는 장미를 의미한다. 이 장미는 발칸 반도의 어둠이 흩어지기 전, 자정부터 새벽 사이에 줄기를 자른 강한 향기를 지닌 꽃으로 알려져 있다. 발칸 반도 특히 불가리아의 장미는 새벽 두 시 근방에 가장 향기로워서 그 시간을 넘기지 않고 채취한다고 한다. 가장 춥고 어두운 시간을 이겨낸 자만이 이 장미처럼 향기로운 영혼을 지닌다는 문학적 비유에 많이 쓰인다. 한 인간과 집단이 겪어내야 하는 고난과 시련과 역경은 "멀고도 아득한 길"로 표현되었다. 장미의 가시에 "찢기고 찔려/ 솟구치던 피"처럼 가혹한 고난을 이겨내고 인간은 비로소 그러한 시련과 고통을 겪지 않은 사람보다 더 숭고한 지점에 이르게 된다. 단순히 아름답다고만 표현할 수 없는 정신의 고고한 높이에 이른다. "움켜쥔 슬픔을 녹여서/ 피어오른" 삶의 꽃이라 하겠다. 그래서 "밤이 깊어 갈수록/ 더 향기로울" 수 있는 것이다.

"반생애를 허둥대며 오다가/ 마음의 문을 꾹 닫아 버린 //축축한 터널을 빠져나와/ 햇빛 찬 마을에 이르러/ 작은 희망을 열어 간다// 꿈을 꾸고 그 꿈을 가꾸며/ 기도의 숨결로 피우는 꽃잎에/ 봄이 수북하다"(「꿈꾸는 산당화」)에서 보듯이 장미, 민들레, 백목련, 산당화, 찔레꽃, 부추꽃 등 흔히 접할 수 있는 꽃들이 시인의 사유를 형상화하는 주요 소재로 등장한다. 이러한 소재를 사용하여 형상화되는 시편들은 인간을 의인화하거나 은유로 사용되어 문학적 서정성을 한층 강화한다. 종교적 메시지를 환기하는 데도 매우 효과적으로 작용하고 있음을 본다.

시인의 시에서 '밤', '터널', '어둠'… 등 하강적 이미지는 인간에게 주어지는 고통과 시련, 역경 등을 의미한다. 그리고 시인은 이러한 과정을 이겨내는 정신적 승리를 노래한다. 때로 종교적 메시지가 명시적으로 드러나는 경우도 있지만 앞에서 보듯이 은유의 방법으로 에둘러 표현되는 경우도 많음을 알 수 있다. 그렇다고 신앙적 의미가 약화되거나 희석되는 것은 아니다. 오히려 더욱 풍요로운 서정적 아우라가 생겨난다.

    자신을 단단하게 여민 국수 가락이 일렬로
    각을 세우고 서 있다.
    뻣뻣한 추임새가 갈한 목마름에 조급하다

    긴 여름 한나절!

    언덕배기 정자나무집 복길이 엄마의 널벅지
    웃음 통에 흠뻑 빠져 뜨거운 물에서 느긋이
    삶아져 풀어지더니 강하고 단단한 것들이

쑥 빠져나갔다

억세고 강한 것들은
뜨거운 불에 들어가야 유연해지는 법,

컬컬하던 목구멍
돌돌 말리는 부드러운 국수 가락에 시큼한 열무 김치
한 사발 국물 그득히 올리면 허기진 한나절이
넉넉해진다

자지러지게 목청을 돋우는 매미들의 한 때
저들은 순간에 다가올 가을을 기억하고 있을까
벼랑 끝에 서 알게 되는 순종의 의미는
강한 것들은 부드러움을 이기지 못한다는 것

배부른 한나절이 꾸벅꾸벅 졸음을 몰고 온다

비워서 채워지는 여유일 것이다.
— 「국수」

"억세고 강한 것들은/ 뜨거운 불에 들어가야 유연해지는 법", "벼랑 끝에 서 알게 되는 순종의 의미는/ 강한 것들은 부드러움을 이기지 못한다는 것", "비워서 채워지는 여유". 이것들은 시인이 '국수'를 통해 전달하고자 하는 메시지들이다. 이러한 메시지가 명시적으로 드러나버린다면 시가 재미 없어진다. 독자가 음미해야 할 몫이 적어진다. 다행히 이 시는 개인적 체험이 이러한 메시지에 앞서 제시되기 때문에 시로서의 면모를 가진다. 구체적 관찰과 함께 경험이 형상적 언어로 표현되었을 때 문학적 진정성을 확보할 수 있다. "자신을 단단하게 여민 국수 가락이 일렬로/ 각을 세우고 서 있다"는 관찰로부터 시는 시작된다. 시가 리얼리티를 획득하고 있는 순간이다. 여기에 자신의 경험이 추가된다. "언덕배기 정자나무집 복길이 엄마의 널벅지/ 웃음통에 흠뻑 빠져 뜨거운 물에서 느긋이/ 삶아져 풀어지더니 강하고 단단한 것들이/ 쑥 빠져나갔다" 이렇듯 경험을 바탕으로 한 묘사나 서사가 이어질 때 시는 진정성을 얻는다. 그리하여 전달하고자 하는 메시지가 보편성을 얻고 독자에게 건너가 감동으로 자리잡게 되는 것이다.

고은혜 시인의 시를 종교시의 테두리 안에서 그의 시가 지향하는 바와 함께 서정시로서 시인의 시가 성

취하고 있는 시적 아우라를 살펴보았다. 고난과 시련과 역경을 기도의 힘과 신앙적 노력으로 극복하고 하나님의 영광에 동참하려는 신앙인의 자세가 겸허하게 시 속에 녹아있음을 확인하였다. 또한 그것은 자연 심상에 의지하여 은유적으로 드러나 신앙적 의지를 강화하고 있음을 보았다. 서정적 아우라를 잃지 않음으로써 자칫 종교시가 가질 수 있는 경직된 모습을 극복하고 있음도 보았다.

　앞으로도 시 세계를 더욱 심화시키고 독자와의 공감 폭을 넓히기 위하여 시인이 개척해 나아가야 할 영역을 찾아 꾸준히 궁구하면서 정진하기를 바란다.

고은혜 시집

가만히 하늘의 소리 들어 봐

인쇄 2024년 11월 25일
발행 2024년 11월 28일

지은이 고은혜
발행인 서정환
펴낸곳 신아출판사
주소 전북 전주시 완산구 공북 1길 16
전화 (063) 275-4000 · 0484
팩스 (063) 274-3131
이메일 sina321@hanmail.net
출판등록 제465-1984-000004호
인쇄·제본 신아문예사

저작권자 ⓒ 2024, 고은혜
이 책의 저작권은 저자에게 있습니다. 서면에 의한 저자의 허락없이 내용의 일부를 인용하거나 발췌하는 것을 금합니다.
COPYRIGHT ⓒ 2024, by Ko Eunhye
All right reserved including the rights of reproduction in whole or in part in any form.
저자와 협의, 인지는 생략합니다.
잘못된 책은 바꿔 드립니다.

ISBN 979-11-94198-79-6 03810
값 12,000원

* 이 책은 2024년도 한국 예술인 복지재단 문화예술육성 지원사업의 지원을 받았습니다.